Wir feiern Sankt Martin

Herausgegeben von Renate Lüber
in Zusammenarbeit mit
Hildegard Enderle und Hedwig Friedmann-Spath

Mit Illustrationen von Irmtraud Guhe

Wer war Sankt Martin?

Am 11. November feiern wir Martinstag.

An diesem Tag denken wir an Sankt Martin, der vor vielen hundert Jahren lebte. Er war, wie schon sein Vater, ein römischer Soldat. Eines Tages ritt er auf seinem Pferd durch Gallien, ein von den Römern besetztes Land. Vor einem Stadttor begegnete er einem Bettler, der halb nackt, nur in Lumpen gekleidet, am Wegrand saß und fror. Martin hatte Mitleid mit ihm, nahm seinen großen warmen Umhang und teilte ihn mit seinem Schwert. Eine Hälfte davon schenkte er dem Bettler, der sie dankbar entgegennahm. Dann ritt er weiter.

Als er nachts schlief, erschien ihm im Traum Jesus. An dem halben Mantel, den er trug, erkannte Martin in ihm den Bettler. Jesus sprach: „Was du diesem Bettler gegeben hast, das hast du mir gegeben."

Martin wurde Priester und später Bischof von Tours in Frankreich. Er lebte bis ins hohe Alter als Mönch in Armut und war durch seine Menschenfreundlichkeit bekannt und beliebt.

Julia freut sich schon seit Tagen auf das Martinsfest. Im Kindergarten hat sie eine wunderschöne Laterne gebastelt. Viele Sterne hat sie ausgeschnitten und einen goldenen Mond dazu.

Ihr kleiner Bruder Max hat mit Mama und Julia zu Hause eine Laterne gebastelt. Natürlich auch mit vielen Sternen und einem goldenen Mond! Außerdem haben sie zusammen Martinsgänse für den Sankt Martinstag gebacken.

Beim Backen erzählt Julia ihrem kleinen Bruder vom Kindergarten.

Im Kindergarten singen sie Martinslieder, basteln schöne, bunte Laternen und Martinsgänse aus weißen Papierservietten. Sie backen Martinsbrezeln für den Sankt Martinstag und spielen Sankt Martin. Julia durfte auch schon Sankt Martin sein. Auf einem Steckenpferd ist sie durch den Gruppenraum geritten und hat mit anderen Kindern die Martinslegende gespielt.

Endlich ist der Martinstag da. Alle Kinder aus dem Dorf freuen sich auf den Umzug und das Martinsspiel.

Als es anfängt zu dämmern, ziehen sich Julia, Max und ihre Eltern warm an, denn draußen ist es kalt. Vor der Haustür zündet Mama die Laternen an. Wie herrlich sie leuchten! Julia trägt ihre Laterne ganz vorsichtig vor sich her. Max ist noch klein. Deshalb hilft Papa ihm beim Tragen.

Auf dem Kirchplatz haben sich schon viele Kinder mit ihren Eltern versammelt. Julia staunt, wie viele verschiedene Laternen es gibt. Zusammen gehen sie in die Kirche und feiern einen Gottesdienst zum Gedenken an Sankt Martin.

Danach beginnt der Laternenumzug. Ein Mann spielt Sankt Martin. Er reitet auf einem Pferd dem Umzug voraus. Alle Eltern und Kinder gehen hinter Sankt Martin her und singen „Ich geh' mit meiner Laterne".

Ich geh' mit mei-ner La-ter-ne und mei-ne La-ter-ne mit mir.
Da o-ben leuch-ten die Ster-ne, hier un-ten leuch-ten wir.

1. Ein Lich-ter-meer zu Mar-tins Ehr. Ra-bam-mel-rabom-mel-ra-bumm.
   Ein Lich-ter-meer zu Mar-tins Ehr. Ra-bam-mel-rabom-mel-ra-bumm.

Ich geh' mit meiner Laterne
und meine Laterne mit mir.
Da oben leuchten die Sterne,
hier unten leuchten wir.

2. Der Martinsmann, der zieht voran.
   Rabammel rabommel rabumm.
   Der Martinsmann, ...

3. Ich trag' mein Licht, ich fürcht' mich nicht.

4. Mein Licht ist schön, könnt ihr es sehn.

5. Wir leuchten heut', zu jeder Freud.

6. Wenn jeder singt, wie schön das klingt.

7. Ein Kuchenduft liegt in der Luft.

8. Beschenkt uns heut', ihr lieben Leut'.

9. Laternenlicht, erlösch' noch nicht.

10. Mein Licht ist aus, wir gehn nach Haus'.

Nachdem sie durch einige Straßen gezogen sind, kommen sie wieder zum Kirchplatz zurück. Hier brennt schon das Martinsfeuer. Alle bilden einen großen Halbkreis. Da sitzt der Bettler. Er hat nur Lumpen an. Ganz verfroren sieht er aus!
Sankt Martin kommt vorbeigeritten. Er sieht ihn und hält an.

2. Im Schnee saß, im Schnee saß,
im Schnee da saß ein armer Mann,
hatt' Kleider nicht, hatt' Lumpen an:
„O helft mir doch in meiner Not,
sonst ist der bittre Frost mein Tod!"

3. Sankt Martin, Sankt Martin,
Sankt Martin zieht die Zügel an,
sein Ross steht still beim armen Mann.
Sankt Martin mit dem Schwerte teilt
den warmen Mantel unverweilt.

4. Sankt Martin, Sankt Martin,
Sankt Martin gibt den halben still,
der Bettler rasch ihm danken will.
Sankt Martin aber ritt in Eil
hinweg mit seinem Mantelteil.

Sankt Martin hat Mitleid mit dem Bettler. Er teilt seinen Mantel mit dem Schwert und gibt dem Bettler eine Hälfte.

Nach dem Martinsspiel bekommt jedes Kind einen Martinsweck, auch Julia und Max. Auf dem Heimweg sehen sie einen kleinen Jungen, der am Straßenrand steht und weint. Sein Papa kann ihn nicht trösten.

„Warum weinst du denn?", fragt Julia.

„Ich habe keinen Martinsweck bekommen!", schluchzt der Junge.

Julia schaut ihren Martinsweck an. Sie hat schon ein Stück abgebissen. Einen Augenblick zögert sie. Dann bricht sie den Weck auseinander und gibt dem Jungen eine Hälfte. „Hier, für dich!", sagt sie.

Zu Hause hat Oma den Tisch gedeckt. In die Mitte hat sie eine Kerze gestellt. Alle setzen sich, trinken Tee und heiße Milch, essen ihre selbstgebackenen Martinsgänse und erzählen Oma von der Mantelteilung und vom geteilten Martinsweck.

Wir basteln eine Martinslaterne

Dazu brauchen wir:

- Eine Käseschachtel mit einem Durchmesser von ca. 15 cm.
  Den unteren Teil brauchen wir als Boden; den oberen Teil als Rand, an dem der Bügel befestigt wird.

- Eine Teelichthülse, in die wir eine große Kerze stecken.

- Ein Stück Draht (Blumendraht) für den Bügel.

- Einen Laternenstecken.

Und je nach Technik

- einen bzw. zwei Bögen transparentes Zeichenpapier (Architektenpapier) ca. 51 x 19 cm. Einen Bogen bemalen wir mit verschiedenen Wachsfarben oder raspeln Wachsmalstücke darauf. Auf diese Seite legen wir dann den zweiten Bogen und bügeln darüber (Einstellung 2 = Seide/Wolle), sodass die Wachsmalfarben ineinanderlaufen,

oder

- einen Bogen farbiges Transparentpapier ca. 51 x 19 cm sowie weiteres Transparentpapier in anderen Farben, aus dem wir die Kreise ausschneiden und mit Klebstoff aufkleben.

Wir backen Martinsgänse

Für den Teig brauchen wir:

80 g Butter
80 g Honig
1 Ei
110 g Weizenschrot
110 g Weizenmehl (1050)
gehobelte Mandeln oder Hagelzucker

Die weiche Butter rühren wir zusammen mit dem Honig schaumig, geben das Ei hinzu und zum Schluss das Mehl.
Den weichen Teig lassen wir zugedeckt im Kühlschrank mehrere Stunden ruhen (über Nacht).
Den so vorbereiteten Teig rollen wir aus, legen unsere selbst gefertigte Gansschablone (Karton ca. 16 x 16 cm) auf und schneiden so eine Gans nach der anderen mit dem Messer aus.
Abschließend werden die Gänse mit gehobelten Mandeln oder mit Hagelzucker verziert und im Ofen ausgebacken.

Backzeit je nach Backofen:
Heißluft bei 150–170 Grad, 20–25 Minuten;
Ober- und Unterhitze bei 180–200 Grad, 20–25 Minuten.

In der Reihe »Wir feiern Feste« sind lieferbar:

5. Auflage 2001 · © 1995 Verlag Ernst Kaufmann, Lahr
Dieses Buch ist in der vorliegenden Form in Text und Bild urheberrechtlich geschützt.
Jede Verwertung ist ohne Zustimmung des Verlags Ernst Kaufmann unzulässig und strafbar.
Dies gilt insbesondere für Nachdrucke, Vervielfältigungen, Übersetzungen, Mikroverfilmungen und
die Einspeicherung und Verarbeitung in elektronischen Systemen.
Printed in Germany · Hergestellt bei Dinner Druck GmbH, Schwanau
ISBN 3-7806-2318-8